Autorka: Bożena Pierga

Ilustracje i projekt okładki: Janusz Baszczak

Projekt układu typograficznego, skład i łamanie: Elżbieta Wiencek

Opracowanie redakcyjne: Marta Pawlus

Wydawnictwo i dystrybucja książek MARTEL
ul. C. Godebskiego 21
62-800 Kalisz
tel. (062) 753 20 29
fax (062) 764 40 43
e-mail: fk.martel@op.pl
www.martel-ksiazki.pl

Wydanie V
ISBN 978-83-60491-22-5

Dobre maniery na wesoło

Uprzejmości, konwenanse[1].
Masz nauczyć się dziś szansę:
o czym warto jest pamiętać,
tak na co dzień i od święta.

Savoir-vivre[2] i **kurtuazja**[3].
Doskonała to okazja,
by przez proste rymowanki
wkrótce z dumą stanąć w szranki
z najprzedniejszym dyplomatą
(ale także z własnym tatą!)
i zadziwić wszystkich wkoło
swym **bon tonem**[4] na wesoło.

Z **etykietą**[5] dobry humor
wkrótce staną się twą dumą!
A sąsiadkę z ciocią Helą
twe **maniery**[6] rozanielą!

[1] konwenanse – ogólnie przyjęte formy i obyczaje towarzyskie.
[2] savoir-vivre – znajomość zwyczajów i form towarzyskich, reguł grzeczności.
[3] kurtuazja – wytworna uprzejmość, wyszukana grzeczność.
[4] bon ton (z języka francuskiego: dobry ton) – nienaganny sposób bycia, właściwe zachowanie się.
[5] etykieta – ustalony i obowiązujący sposób zachowania się.
[6] maniery – sposób bycia, zachowanie się.

Awantura w piórniku

A w piórniku, jak co ranka,
trwa codzienna przepychanka.
Piórnik się po brzuchu klepie:
„Dość! Nie czuję się najlepiej."

Lecz na próżno piórnik błaga –
awantura wciąż się wzmaga.

„Toż to burak*, nie ołówek!
– krzyczy jedna z temperówek –
Szkoda gadać z tym pismakiem!"

„Coooo? Nazywasz mnie burakiem?
Nieuprzejma jędza krępa,
na ostrzałkę nazbyt tępa!"
– zacietrzewia się ołówek.

„Dosyć mam już tych pyskówek!
Szanujecie się nawzajem,
albo wypowiadam najem.
– piórnik krzyknął z całej siły –
Dla mnie żarty się skończyły!
Z podręcznikiem dobrych manier
zmieńcie swoje zachowanie!"

* burak – potoczne, niezbyt grzeczne określenie kogoś niewychowanego,
nieznającego podstawowych zasad zachowania.

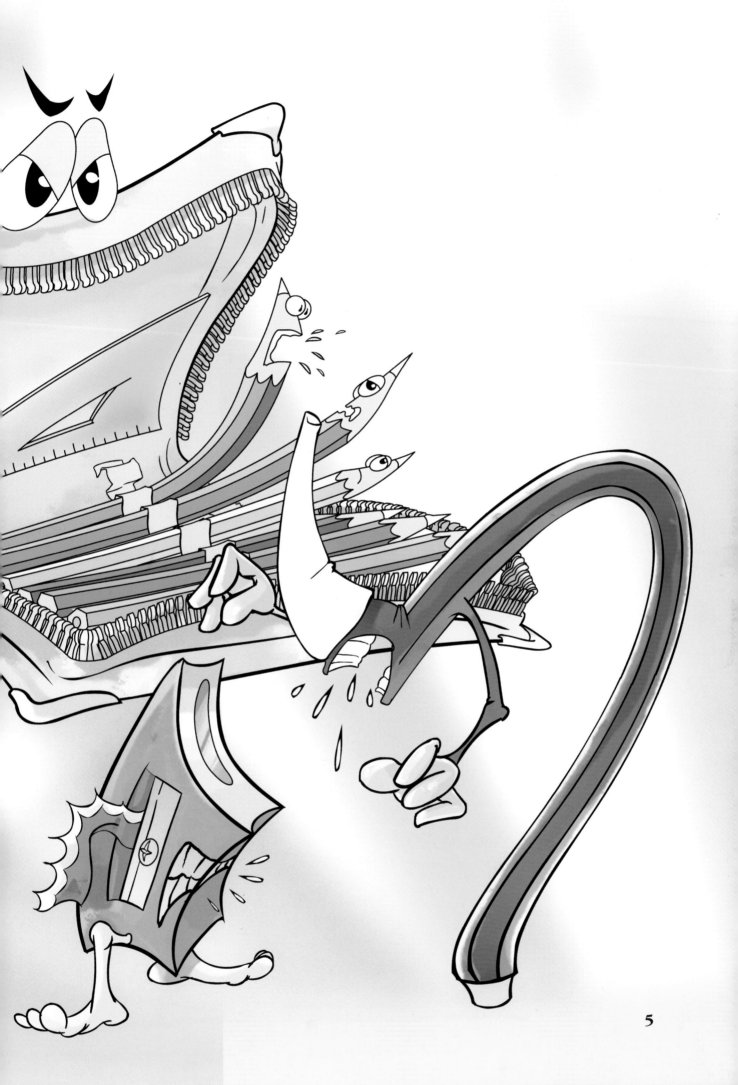

Dobre maniery na co dzień

Powitanie na poziomie

Gdy wpadnie kolega,
by tort z tobą zjeść,
to fajnie jest wtedy
zawołać doń *cześć*!!!
A kiedy dozorca się krzywi
na schodach,
to twoje *dzień dobry*
humoru mu doda.

Więc jeśli chcesz błyszczeć ogładą,
to kłaniaj się pierwszy sąsiadom!

Pożegnanie z klasą

Kiedy zmykasz już z przyjęcia,
to pamiętaj, by z przejęcia
nie przegapić ważnych słów:
do widzenia, *bywaj zdrów*.

Po angielsku* więc nie zwiewaj,
bo gospodarz się pogniewa.
Uścisk ręki, pożegnanie –
duże lepsze to rozstanie!

* wyjść po angielsku – wyjść po cichu, niezauważonym,
  bez pożegnania.

Czarodziejskie *proszę*

Kiedy chcesz, by ktoś ci pomógł
lub wyręczył,
chwyć się wtedy słowa *proszę*
jak poręczy.

Moc ma większą takie słowo niż zaklęcie,
oczywiście, gdy wypowiesz je z przejęciem.

Tajemnicze *dziękuję*

Dość niezgrabne porzekadło*
do języka nam się wkradło:
Za dziękuję
nic się nie kupuje.

A *dziękuję*, ręczę głową,
jest walutą wyjątkową!
Tego, co z tym krótkim słówkiem,
próżno szukać za gotówkę:

czterech garści serdeczności,
pęczka ludzkiej życzliwości,
i uśmiechów chyba setkę
zawsze świeżych (spójrz na metkę!).

Więc czy wtorek czy niedziela,
wsadź *dziękuję* do portfela.

* porzekadło – utarte powiedzenie, rodzaj przysłowia.

Magiczne *przepraszam*

Jeśli strzelisz przy obiedzie jakąś gafę,
to pamiętaj: zamiast chować się za szafę,
przeproś prędko, tylko szczerze,
będzie miło przy deserze.

Gdy wyrazisz żal za błędy,
zyskasz sobie innych względy*!

* względy – życzliwy stosunek do kogoś, przychylność,
wyrozumiałość.

Punktualność zawsze w modzie

Kiedy jesteś umówiony pięć po czwartej,
to pamiętaj: ta umowa to nie żarty!
Warto prędko w buty wskoczyć,
by godziny nie przeoczyć,
żeby z podniesioną głową
na spotkanie przyjść planowo!

Zakazane słowa

Czasem w ustach się kotłują
brzydkie słowa,
lecz przy innych je pod język
prędko schowaj.
Niech czekają pod jęzorem,
aż wyplujesz je wieczorem...
do śmietnika.
I bezwzględnie w towarzystwie ich unikaj!

Oficjalnie i na luzie

Gdy dorosły nieznajomy coś zagada,
pan lub *pani* tytułować go wypada.
Oczywiście, gdy rozmawiasz z rówieśnikiem,
nie zapomnij, że jest Zuźką lub Kazikiem.

Bo przekonać już się pewnie miałeś szansę,
że polszczyzna bardzo lubi konwenanse.
Więc pamiętaj, kogo *tykać**,
a z kim takich form unikać!

* *tykać* – określenie potoczne, tutaj: mówić na *ty*, po imieniu.

W przyjaźni z prawdą

Kiedy stłuczesz kubek babci
albo wlejesz tusz do kapci,
niewygodna, uciążliwa
prawda w takich chwilach bywa.

Wtedy korci, by ją odziać
i zmienione fakty podać.
A najlepsza jest właściwie prawda naga*,
choć szczerości i odwagi to wymaga.

Prawdomówność – wielką cnotą,
więc uprawiaj ją z ochotą!

* naga prawda – rzeczywistość, fakty, zdarzenia niczym nieupiększone.

Z czystością
za pan brat

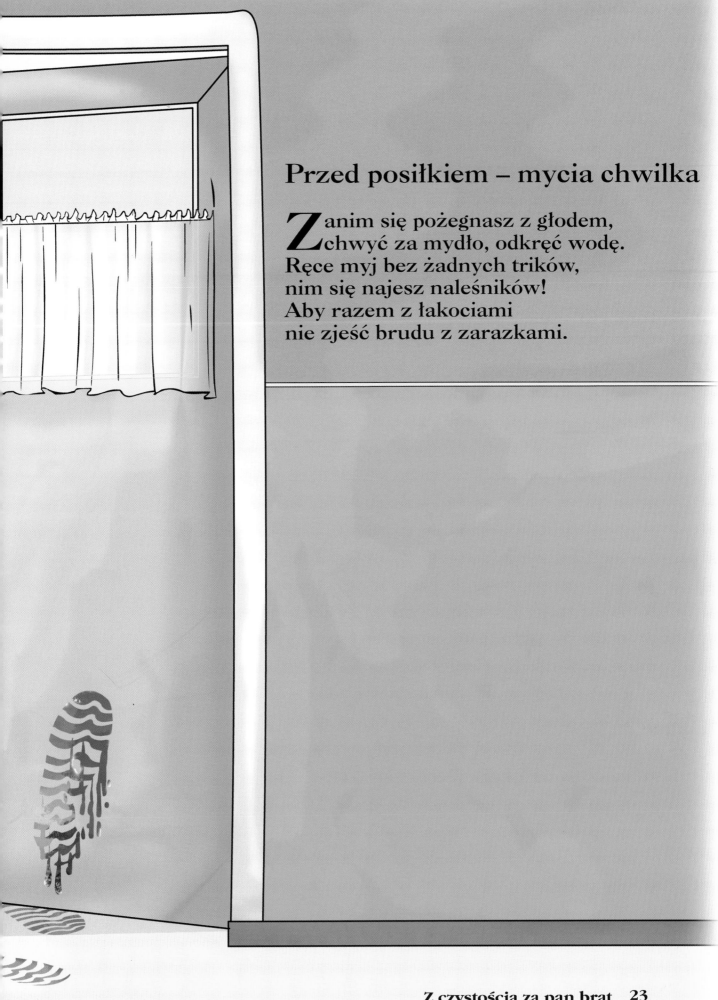

Przed posiłkiem – mycia chwilka

Zanim się pożegnasz z głodem,
chwyć za mydło, odkręć wodę.
Ręce myj bez żadnych trików,
nim się najesz naleśników!
Aby razem z łakociami
nie zjeść brudu z zarazkami.

Przed spożyciem – wielkie mycie

Zanim ugotujesz bób,
kąpiel mu porządną zrób.
Także masie innych warzyw
z czystą skórką jest do twarzy.
Więc pamiętaj, by na co dzień
każdy owoc płukać w wodzie.

Gdy umyjesz pomidora oraz gruchę,
wejdą w lepszą komitywę* z twoim brzuchem!

* komitywa – bliskie, przyjacielskie stosunki; zażyłość.

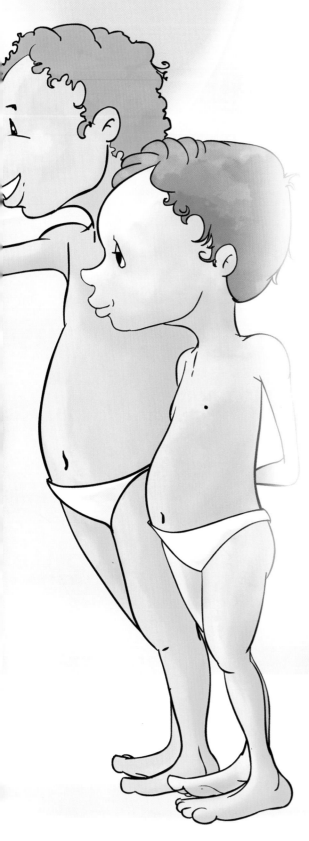

Świeży uśmiech

Każde dziewczę i kawaler
chce mieć ładnych zębów szpaler.
Nie poprzestań na marzeniu –
myj swe zęby po jedzeniu!

Szczotką z pastą szczotkuj kły,
nawet jeśli jesteś zły.
A trzonowe i siekacze,
wyczyść nawet, kiedy płaczesz.

Niezależnie od humoru,
dbaj o zęby bez oporów!

Czysta odzież

Jeśli chcesz być gościem z klasą,
dbaj o czystość, nie o fason.

Większość ubrań jest dla dam,
jeśli schludne i bez plam.

Pragnę więc namówić młodzież,
aby odświeżała odzież!

Dbałość o całość

Kto z nas nie zna tych rozterek:
gdzie jest książka, gdzie sweterek?
A czas pędzi jak rakieta.
Zamiast z kumplem grać w krykieta,
szukasz paska, temperówki,
od pisaka srebrnej skuwki.

Chyba warto sprzątnąć pokój,
aby mieć nareszcie spokój!
I na ślepo, bez szukania,
sięgnąć po coś do czytania.
Zrelaksować się w zadumie:
w ładzie jest wygodniej w sumie.

Czysty pupil

Wykąp swego psa starannie
pod prysznicem albo w wannie,
by o twoim dzielnym Burku
nie szczekały psy w podwórku,
że choć wygrał wyścig z kotem,
jego futro pachnie błotem.

Jednak nawet przy niedzieli,
kota nie bierz do kąpieli.
Sam się zajmie toaletą –
takim wielkim jest estetą!

Nie wyszoruj też papugi,
bo jej skrócisz żywot długi.

Przy stole

Etykieta przy posiłku

Gdy ci powie ktoś *smacznego*,
to odpowiedz mu, kolego,
bo wyczucie oraz smak
mówią, by postąpić tak.

Jeśli jednak ty
posiłku jesteś świadkiem,
nie decyduj na *smacznego*
się przypadkiem.

Chcesz pokazać swą ogładę?
Mam dla ciebie dobrą radę:
gdy uporasz się z kolacją,
to podziękuj wszystkim z gracją.

Ciche kęsy, ciche łyki

By być w zgodzie z etykietą
(czyś jest uczniem, czy poetą),
w Polsce cicho jeść należy:
i z miseczek, i z talerzy.
Cenny każdy cichy kęs
(także przy jedzeniu mięs!).

Lecz pamiętaj, że są kraje,
w których inne są zwyczaje.
A mlaśnięcie całkiem głośne
w Chinach jest nie tylko znośne,
lecz rodzajem jest pochwały
za posiłek doskonały.

Manewry nożem, widelcem i łyżką

Kiedy jesteś w restauracji,
nie bierz w ręce przy kolacji:
frytek, mięsa, kalafiora
i sałatki z pomidora.

Wiedz, że są usłużne wielce
przy jedzeniu nóż z widelcem.
Choć niech każde z nich się schowa,
gdy na stole jest grochowa.
Aby zupę mieć w swym brzuchu,
chwyć za łyżkę, łakomczuchu!

Kiedy syty jesteś już,
sztućce na talerzu złóż:

ułożone równolegle
(etykietą władasz biegle!).

Na dokładkę masz apetyt?
Skrzyżuj sztućce jak bagnety.

Zmęczona mama

Mama się po domu kręci,
na zabawę nie ma chęci.
Mówi bardzo cichym głosem,
zdaje się podpierać nosem*.

Choć to rzadkość jest u mam,
chce być wtedy sam na sam
tylko z sobą oraz z książką,
by się wymknąć obowiązkom.

Zrób jej czasem krótkie ferie
(to nie żadne fanaberie!),
a z uśmiechem i wigorem
połaskocze cię wieczorem.

* podpierać się nosem – być bardzo zmęczonym,
  wyczerpanym.

Zmęczony tata

Tata się na krześle kiwa,
jakby brakło mu paliwa.
Zawsze taki pełen werwy,
dziś pokłada się bez przerwy.

Czyżby już nadeszły czasy,
że wyczerpał swe zapasy?
Nie, to tylko krótki przestój:
przez to tata taki nieswój.

Jest możliwy jeden wariant:
tacie jest potrzebny fajrant*.
Gdy mu dasz króciutką przerwę,
wnet odzyska dawną werwę!

* fajrant – przerwa w pracy, odpoczynek
  (określenie przestarzałe).

Młodsza siostra

Z siostrą bitwa na poduszki,
z rana - w łóżku pogaduszki.
A pomysły twoje wszystkie
zawsze wita z głośnym piskiem.

Nieraz szczerze jej nie znosisz,
gdy ci w szkole wstyd przynosi
lub gdy skarży tacie z płaczem,
że nazwałeś ją *smarkaczem*.

Czasem krzywi się, wydziwia,
lecz po cichu cię podziwia.
Z młodszą siostrą bywa trudno,
ale bez niej – strasznie nudno!

Starszy brat

Wtyka nos w nie swoje sprawy,
ale świetne zna zabawy.
Choć go czasem masz już dość,
to naprawdę fajny gość!

Kiedy wpadniesz nosem w błoto,
on pocieszy cię z ochotą.
Starszy zawsze zjawi się,
kiedy ktoś cię skrzywdzić chce.

Jego los też bywa ciężki,
bo przeciera pierwszy ścieżki.
Wybacz bratu niewypały*,
bo nikt nie jest doskonały!

* niewypał – w znaczeniu przenośnym: coś nieudanego,
  co nie przyniosło pożądanego rezultatu.

Pamiętajmy o seniorach

Choć nie widzisz nigdy babci
w towarzystwie ciepłych kapci,
dziadek rześki jak za młodu –
jednak to seniorzy rodu!

A seniorzy to starszyzna*,
im ogłada nie pierwszyzna.
Cenią bardzo konwenanse,
więc wykazać się masz szansę.

Gdy gawędzisz sobie z dziadkiem,
nie przerywaj mu przypadkiem.
I pozornie mimochodem,
babcię puszczaj zawsze przodem.

Doskonały podarunek:
to uwaga i szacunek.

* starszyzna – ludzie stojący na czele grupy osób
  (tu: rodziny).

Na kłopoty – przyjaciel

Gdy ci zajdzie ktoś za skórę*,
wszystko się wydaje bure,
do przyjaciół pędź jak w dym**,
aby się wyżalić im.

Jeśli twój przyjaciel zbłądzi,
zamiast ostro go osądzić
i oceniać, kto ma rację,
daj mu odczuć akceptację.

Schowaj rady za pazuchę
i poważnie go wysłuchaj!

* zajść komuś za skórę – bardzo dotkliwie dokuczyć.
** pędzić do kogoś jak w dym – iść, biec do kogoś bez
wahania, śmiało, prosto.

Pędem z pomocą

Gdy twój kumpel kłopot ma,
pędź z pomocą mu raz dwa.

Rola przyjaciela taka,
aby wspierać nieboraka:
kiedy z chandrą się boryka
lub nie wchodzi mu fizyka.

Jeśli coś cię trapi cięgiem*,
otocz się przyjaciół kręgiem!

* cięgiem – ciągle, wciąż, bezustannie,
  bez przerwy.

Tolerancja – elegancja

Tadzik wie już od kołyski,
że odróżnia się od wszystkich.
Choć, jak babcia, jest człowiekiem,
to się od niej różni wiekiem.
Dla przykładu: od swych sióstr
ma zupełnie różny gust.
A od Johna, kumpla z góry,
różni Tadzia kolor skóry.

Tę odmienność, proszę, zrozum –
udowodnisz, że masz rozum.
By nawzajem się szanować,
trzeba inność akceptować!

Zwierzę – istota czująca

Kiedy z kotem dokazujesz,
to pamiętaj, że kot czuje.
Czasem nie ma już ochoty
na zabawy oraz psoty.
Pies, choć łasi się bez przerwy,
także może nie mieć werwy
na igraszki oraz głaski.
Okaż mu więc trochę łaski!

Żółwie, rybki oraz koty
to żyjące są istoty!
A najmniejszy nawet zwierz
chce być szanowany też.
Więc o swego przyjaciela
dbaj nie tylko, gdy niedziela.
Wiedz, że każdy człowiek wielki
ludzki jest dla stworzeń wszelkich!

Sztuka konwersacji

Zawsze kieruj się wymogiem:
konwersacja* jest dialogiem**.
A ujmując to inaczej:
oprócz mówcy bądź słuchaczem.

Gdy masz coś do powiedzenia,
wyłóż własny punkt widzenia.
Jednak skup się na partnerze,
gdy w rozmowie głos zabierze.

* konwersacja – rozmowa towarzyska, wymiana zdań.
** dialog – rozmowa, zwłaszcza dwóch osób
   (w przeciwieństwie do monologu – wypowiedzi jednej
   osoby).

Pogawędki przez telefon

Gdy używasz telefonu,
trzymaj zasad się bon tonu.

Na początku swej rozmowy
podać imię bądź gotowy
(niezbyt mądra to wymówka,
że nie widzi cię rozmówca).

Wiedz też: nie o każdej porze
na pewniaka dzwonić możesz.
Choć uwielbiasz z kumplem gadać,
dzwonić nocą nie wypada.

Piękne kartki, ciepłe słówka

Kiedy się zbliżają święta,
o znajomych swych pamiętaj.
Wyślij kilka widokówek,
a w nich szereg ciepłych słówek.

Przyjaciołom z miasta Łodzi
życzyć zdrowia nie zaszkodzi,
a kumplowi spod Sopotu –
aby pozbył się kłopotów.

Gdy okazja się nadarzy,
życz każdemu, o czym marzy!

Co nieco o gazie

Choć cię z ciekawości skręca,
bez potrzeby nie odkręcaj
kurka gazu w żadnym razie,
jeśli nie wiesz nic o gazie.

Sam – lub nawet z bratem razem –
nie eksperymentuj z gazem!
Bowiem bywa bardzo groźny,
kiedy ktoś jest nieostrożny.

Z rodzicami, proszę, omów,
jak korzystać z gazu w domu.
Czy go włączać, jak i kiedy,
by nie było z tego biedy!

Woda w domu

Pragnę ostrzec każdą pannę:
gdy napełniasz wodą wannę,
nie załatwiaj innych spraw,
by nie zmienić domu w staw!

Czujesz w wodzie się jak rybka?
Zatem lekcja będzie szybka:
gdy zmęczenie cię dopadnie
(aby się nie znaleźć na dnie),
z wanny wyskocz bez namysłu,
mimo innych stu pomysłów.

Pod napięciem

Prąd w dzisiejszym naszym życiu
w bezustannym jest użyciu.
Lampa dzięki niemu świeci,
bajki oglądają dzieci,
a okropnie brudny strój
odzyskuje kolor swój.

Kontakt z prądem – choć konieczny –
bywa bardzo niebezpieczny.
By nie ryzykować życiem,
z prądem obchodź się z obyciem.

Chcesz uniknąć przykrych faktów?
Nie pchaj palca do kontaktu.
Długopisu i nożyka
w dziurki gniazdka też nie wtykaj!

Wiedzieć także nie zaszkodzi:
woda świetnie prąd przewodzi.
By uniknąć zagrożenia,
nie susz w wannie owłosienia.

Z wiedzą oraz ostrożnością
w kontakt wchodź z elektrycznością!

Kumpel na medal

Jest recepta, przyjacielu,
aby mieć kolegów wielu:
wyjrzyj prosto lub z ukosa
poza czubek swego nosa*!

Adzie, która siedzi z boku,
pożycz czasem kartkę z bloku,
a z zapominalskim Franiem
podziel swoim się śniadaniem.

Gdy o innych myślisz czasem,
to prawdziwym jesteś asem**!

* widzieć tylko czubek swojego nosa, nie patrzeć dalej
  niż koniec (czubek) własnego nosa – być egoistą, myśleć
  tylko o własnych korzyściach, zajmować się jedynie
  własnymi sprawami.
** as – mistrz, znakomitość.

Na lekcji

Czas na lekcję, dzwonek brzęczy.
Pora trochę się pomęczyć.
Lecz czy to doprawdy męka?
W górę głowa i nie pękaj!

Lekcja to skupienia czas.
By nauka nie szła w las*,
schowaj żarty do piórnika
(głośne krzyki pozamykaj).
Wyostrz, proszę, swą uwagę
i posłuchać miej odwagę.

Przede wszystkim jednak wiedz:
wiedza to jest fajna rzecz.
Niech na lekcji się nie kurczą
twa ciekawość oraz twórczość.

* nauka nie poszła (nie idzie) w las – to, czego się ktoś
  dowiedział, odniosło skutek, nie przepadło.

Na przerwie

Staś zamęcza mnie bez przerwy:
po co są właściwie przerwy,
skoro cały ciąg zakazów
skreśla przerwy sens od razu:
nie dla wrzasków, zabaw w berka
(oho, pani groźnie zerka!),
nie dla kredą celnych rzutów.
Pełno skarg jest i zarzutów!

Skoro jednak przerwa jest,
pewnie ma ukryty sens.
Przykładowo: podczas przerwy
można swe ukoić nerwy.
Zdążysz połknąć bułkę z serem
i podzielić się deserem.

Całą przerwę bez obawy
przeznacz, proszę, na zabawy.
Lecz pamiętaj o zasadach,
których łamać nie wypada.

Gimnastyka bezpieczna

Choć na lekcjach gimnastyki
bardzo ważne są wyniki,
to bez zasad bezpieczeństwa
trudno cieszyć się z pierwszeństwa.

Nim rozpoczną się rozgrywki,
znaj zasady na wyrywki.

Po czym biegać? Gdzie się wspinać?
Jak bezpiecznie się wyginać?
W jakich trampkach zacząć mecz?
To naprawdę ważna rzecz!

Zawody czystej wody

Anglik powie: „jest okay,
kiedy każdy gra fair play*".
Polak doda: „chcesz być wielki,
odłóż na bok wszelkie gierki**".

Jest sportowcem pierwszej wody,
kto wygrywać chce zawody,
lecz się towarzysko spali
ten, kto drwi ze swych rywali.

Szanuj swoich przeciwników
niezależnie od wyników!

* fair play (ang.) – honorowa, zgodna
 z zasadami, uczciwa gra (zwłaszcza w sporcie).
** gierki – intrygi, kombinacje, podstęp.

Dobry zwyczaj – wypożyczaj

Bardzo dziś jest modny trend,
aby mieć do książek pęd.
Wśród młodzieży ten ma klasę,
kto połyka książek* masę.

Na tych pożeraczy czeka
w każdej szkole biblioteka,
a w niej – sprawa oczywista –
jest klarownych reguł lista:

Kiedy czytasz wiersz lub bajkę,
z książką obchodź się jak z jajkiem.

Gdy pożyczysz tom lub dwa,
zwróć w terminie je raz dwa.

A w czytelni (spytaj Stasia),
cisza jest jak makiem zasiał**.

* połykać, pożerać książki – czytać szybko duże
ilości książek (o osobie czytającej dużo książek mówi
się, że jest pożeraczem książek).
** cisza jak makiem zasiał – bardzo cicho, bez
najmniejszego szelestu.

Na ulicy

Przez ulicę mały krok

By nie było katastrofy,
zapamiętaj proste strofy*:

Nim na jezdnię zrobisz krok,
wytęż swój sokoli wzrok:
w lewo, w prawo,
w lewo. – Brawo!
Gdy jest pusto, wskakuj żwawo!

Trampki masz czy adidasy,
przechodź tylko tam, gdzie pasy.
Bo po zebrze kroczy pieszy,
nawet gdy się bardzo spieszy.

* strofa – zwrotka.

WRC L17C

Co mówią światła?

Czerwone

Jeśli światło się czerwieni,
niech się pieszy w posąg zmieni!

Żółte

Kiedy jest w kolorze słońca,
postój już dobiega końca!

Zielone

Gdy w trawiastej jest tonacji,
ten kto stoi, nie ma racji!

Nieznajomym na ulicy mówimy *nie*!

Bądź ostrożny! Po ulicy
chodzą różni osobnicy.
Większość z nich ma dobre chęci,
lecz zdarzają się natręci.

Choć to czasem zabrzmi źle,
miej odwagę mówić *nie*!

Choćbyś wilczy miał apetyt*,
trzeba wstrzymać się, niestety,
i od obcych jegomości
nie brać nic, nawet słodkości!

Wiedzieć także nie zawadzi:
nie daj nigdzie się prowadzić!
Nawet jeśli gość przysięga,
że zwyczajna to włóczęga**.

Towarzyskich form nie łamiesz,
nawet gdy odmawiasz damie.

Jesteś mądry i odważny?
Wobec obcych bądź uważny!

* wilczy apetyt – ogromny apetyt, silne uczucie
głodu.
** włóczęga – wędrówka bez określonego celu,
dłuższa piesza wycieczka, wałęsanie.

Jazda z ogładą

Śmigaj śmiało i z brawurą*,
lecz wykazuj się kulturą.

Gdy pomykasz na rowerze,
patrz, jak jedziesz, kawalerze!
Staraj, proszę, się unikać
dróg dla pieszych i trawnika,
bowiem rowerzysta z głową
pędzi ścieżką rowerową!

Z deskorolką możesz hasać
tylko po znaczonych trasach.
Ten się deskarz z jazdy cieszy,
który nie rozjeżdża pieszych.

Kto przepisy chce mieć z głowy,
ten piratem jest drogowym**!

* brawura – tu: werwa, zacięcie.
** pirat drogowy – ktoś, kto łamie przepisy
drogowe i zagraża swoim postępowaniem
zdrowiu i życiu innych.

Spotkania z kulturą

Kiedy w sali gasną światła...

Gdy kurtyna się podniesie,
nawet szepty schowaj w kieszeń.
Po spektaklu bez oporów
oceń, proszę, grę aktorów.

Na ekranie znane twarze?
Daruj sobie komentarze.
Z rezolutnym kumplem Józiem
kilka zdań zamienisz później.

Bowiem w kinie i w teatrze
strzygę uchem* oraz patrzę!
Za to język, choć mnie kusi,
za zębami muszę zdusić.

* strzyc uchem (uszami) – tu: nasłuchiwać.

Sztuka z wiktem

Absolutnie nie wypada
w trakcie sztuki nic podjadać!
Aby się wykazać taktem,
także nie pij przed antraktem*.
Chociaż nie ma za to kar,
wiedz: to teatr jest, nie bar!

W kinie prostsze są zasady,
lecz posłuchaj mojej rady:
jeśli musisz chipsy zjadać,
nie obciążaj tym sąsiada.
Gdy wypijasz colę duszkiem,
nie zapomnij sprzątnąć puszkę.

I skorzystaj z prostej lekcji:
w kinie jesteś dla projekcji**.

* antrakt – przerwa między aktami przedstawienia
teatralnego.
** projekcja – wyświetlanie filmu.

Koncertowe *abc*...

Kiedy dźwięczą instrumenty,
milczę zawsze jak zaklęty*.

Słysząc brzmienie saksofonu,
nie korzystam z telefonu.
Trębacz swą solówkę gra?
W słuch zamieniam się** raz dwa.
Za to skrzypce z kontrabasem
mogą mnie rozproszyć czasem.
Słucham wtedy jednym uchem***
(zawsze potem czując skruchę).
Jednak gdy usłyszę flet,
znów uważny jestem wnet.

Kiedy jest już po koncercie,
wtedy się bezkarnie wiercę.

* milczeć jak zaklęty – milczeć uporczywie,
  nie odzywać się zupełnie.
** zamienić się w słuch – słuchać bardzo uważnie;
  słuchać czegoś z ciekawością, w skupieniu.
*** słuchać jednym uchem – słuchać nieuważnie,
  z roztargnieniem, nie starając się zapamiętać.

Sztuka brania

Wie to cała szkolna brać:
milej dawać jest niż brać.
Lecz pamiętaj: by to zdanie
(popularne niesłychanie)
miało prawdy chociaż kęs,
biorca ma mu nadać sens.

Gdy dostaniesz upominek,
spróbuj zrobić miłą minę.
Choć masz inne preferencje,
wiedz, że liczą się intencje.
Niech przyświeca ci nauka:
przyjąć prezent – to jest sztuka!

Odwiedziny i rośliny

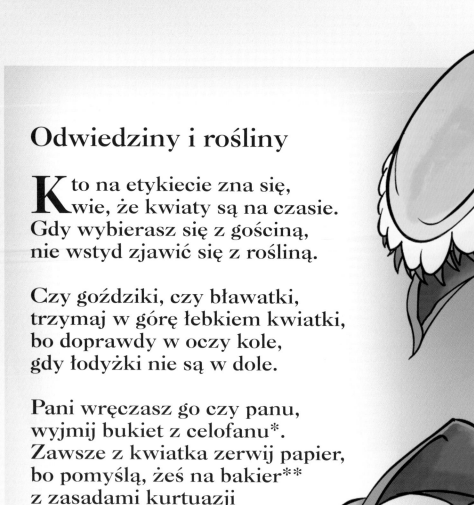

Kto na etykiecie zna się,
wie, że kwiaty są na czasie.
Gdy wybierasz się z gościną,
nie wstyd zjawić się z rośliną.

Czy goździki, czy bławatki,
trzymaj w górę łebkiem kwiatki,
bo doprawdy w oczy kole,
gdy łodyżki nie są w dole.

Pani wręczasz go czy panu,
wyjmij bukiet z celofanu*.
Zawsze z kwiatka zerwij papier,
bo pomyślą, żeś na bakier**
z zasadami kurtuazji
oraz że ci brak fantazji!!

* celofan – cienka przezroczysta folia,
  stosowana głownie do opakowań.
** być z czymś na bakier – tu: niezbyt
   dobrze coś umieć, nie znać się
   na czymś.

Dla gości – uprzejmości pościg

Pokaż, proszę, swoim gościom,
    że ich gościsz z przyjemnością.
Bardzo ważne, by przyjęcie
zrobić z klasą i przejęciem.
Tak, by pobyt w twoim domu,
nie mógł sprzykrzyć się* nikomu.

Wejdź na szczyty uprzejmości –
traktuj z gestem** wszystkich gości!

*   przykrzyć się – stawać się uciążliwym, trudnym do zniesienia; nudzić kogoś, być przykrym dla kogoś.
** mieć gest – być hojnym, szczodrym.

O religii

Z uznaniem o wyznaniach

Chcesz być w zgodzie z dekalogiem?
Innowierca* nie jest wrogiem.
Choć twe wątpliwości wzbudzi,
szanuj wiarę innych ludzi.

Bo religia, daję słowo,
jest dziedziną wyjątkową.
Każdy idzie dróżką własną,
czasem trudną i niejasną,
często w poprzek i pod prąd**,
lecz nie znaczy, że to błąd.
Warto widzieć jest, doprawdy:
w każdej ścieżce ziarno prawdy.

Wierny własnym przekonaniom,
przyjrzyj innym się wyznaniom.
I pamiętaj: ważne treści
każda mądra głowa zmieści!

Bardzo cenna stąd nauka:
ten nie błądzi, kto nie szuka.

* innowierca – człowiek wyznający inną religię.
** iść, płynąć pod prąd – tu: wbrew panującym
   zwyczajom, poglądom.

Nie bez hamulców
w miejscach kultu

Czy w kościele, czy w meczecie,
czawsze myśl o etykiecie.
Gdy w świątyni wejdziesz wrota,
niech odejdzie ci ochota
na zabawę oraz figle
(nałóż na nie mocne rygle*).

Cerkiew to czy synagoga,
jesteś gościem w domu Boga.
Zatem, jak przystoi gościom,
złóż wizytę tę z godnością.
I pamiętaj: nabożeństwo
zawsze tutaj ma pierwszeństwo.

Bałaganu i tumultu**
nie rób nigdy w miejscu kultu!

* rygiel – tu w znaczeniu przenośnym:
  urządzenie zamykające; zasuwa.
** tumult – wrzawa, zamieszanie, hałas, zgiełk.

W internecie

W zgodzie z netykietą

Nim się zwiążesz z Internetem,
poznaj dobrze netykietę*.
Trzeba wiedzieć: te zasady
chyba są nie od parady**.
By przykrości się wystrzegać,
warto zatem ich przestrzegać.

Zawsze wchodź na taką stronę,
gdzie jest wejście dozwolone.
Najbezpieczniej bywa w sieci
tam, gdzie strony są dla dzieci.

Gdy się łączysz z Internetem,
niech zostaną twym sekretem
osobiste informacje.
Powściągliwi*** mają rację!

Gdy jest w sieci coś nie tak,
daj najbliższym swoim znak.
A poradzą ci z ochotą,
jak się zmagać ze zgryzotą.

I pamiętaj: w Internecie
dużo dowiesz się o świecie.
Więc korzystaj z tego z chęcią,
posiłkując się pamięcią.

---

* netykieta – etykieta (zasady postępowania) obowiązująca w sieci, w Internecie.

** coś jest nie od parady – coś jest czymś w rzeczywistości, nie tylko z nazwy, z pozoru.

*** powściągliwy – panujący nad sobą, umiejący powstrzymać się od czegoś, pohamować się.

Spis treści

Dobre maniery na wesoło 3
Awantura w piórniku 4

Dobre maniery na co dzień 7
Powitanie na poziomie 9
Pożegnanie z klasą 9
Czarodziejskie *proszę* 10
Tajemnicze *dziękuję* 10
Magiczne *przepraszam* 13
Punktualność zawsze w modzie 13
Zakazane słowa 14
Oficjalnie i na luzie 17
W przyjaźni z prawdą 18

Z czystością za pan brat 21
Przed posiłkiem - mycia chwilka 23
Przed spożyciem - wielkie mycie 24
Świeży uśmiech 27
Czysta odzież 27
Dbałość o całość 28
Czysty pupil 31

Przy stole 33
Etykieta przy posiłku 35
Ciche kęsy, ciche łyki 35
Manewry nożem, widelcem i łyżką 36
Łakomstwo poskromione 39

W rodzinie 41
Zmęczona mama 43
Zmęczony tata 43
Młodsza siostra 44
Starszy brat 44
Pamiętajmy o seniorach 47

Wśród przyjaciół 49
Na kłopoty - przyjaciel 51
Pędem z pomocą 52
Listy - wątek osobisty 55
Święta rzecz - dyskrecja 55
O bliźnich - zawsze z aprobatą 56
Tolerancja - elegancja 59
Zwierzę - istota czująca 60
Sztuka konwersacji 63
Pogawędki przez telefon 63
Piękne kartki, ciepłe słówka 64

Sami w domu 67
Co nieco o gazie 69
Woda w domu 69
Pod napięciem 70
Nieznajomym za drzwiami
nie otwieramy! 73

Poza domem 75
W szkole 76
Kumpel na medal 77
Na lekcji 77
Na przerwie 78
Gimnastyka bezpieczna 81
Zawody czystej wody 82
Dobry zwyczaj - wypożyczaj 85
Na ulicy 86
Przez ulicę mały krok 86
Co mówią światła? 87
Nieznajomym na ulicy
mówimy *nie*! 89
Jazda z ogładą 90
Spotkania z kulturą 92
Kiedy w sali gasną światła... 93
Sztuka z wiktem 93
Koncertowe *abc*... 94
W podróży 96
Jazda wygodna indywidualna 96
Kompromisowa jazda
zbiorowa 97
Wycieczkowy elementarz 98
Z wizytą 100
Prezent z głową 100
Sztuka brania 101
Odwiedziny i rośliny 102
Dla gości - uprzejmości
pościg 105
O religii 106
Z uznaniem o wyznaniach 107
Nie bez hamulców
w miejscach kultu 109
W Internecie 110
W zgodzie z netykietą 110